Cahier du jour
Cahier du soir

Français

Auteur : **Michel Wormser**, *Professeur des écoles*

Directeur de collection : **Bernard Séménadisse**, *Maître formateur*

Ce cahier appartient à :

_____

_____

MAGNARD

Avant-propos

• Ce cahier est conforme aux nouveaux programmes.

• Le **cycle 2** (cycle des apprentissages fondamentaux) couvre désormais la période du CP au CE2, offrant ainsi la durée et la cohérence nécessaires pour des apprentissages progressifs et exigeants. Au cycle 2, la maîtrise des langages, et notamment de la langue française, est la priorité.

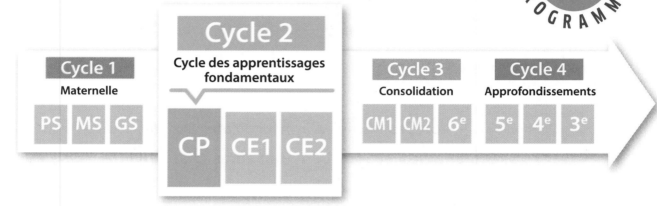

Plus d'informations sur les nouveaux programmes sur **www.joursoir.fr**

Ce cahier de Français destiné aux élèves du CP reprend toutes les notions du programme et couvre tous les domaines : lecture, grammaire, conjugaison, orthographe (grammaticale et d'usage) et vocabulaire.

• **La rubrique « Je découvre et je retiens » propose :**
– des phrases-exemples qui servent de matériau à la réflexion (« Je découvre ») ;
– une ou plusieurs règles qui permettent de mémoriser ce qu'il faut savoir (« Je retiens »).

• **La rubrique « Je m'entraîne » permet de réinvestir les acquisitions.**
À chacune des notions développées dans la leçon correspond un exercice d'application : à la notion 1 correspond l'exercice 1, à la notion 2 l'exercice 2. Si un exercice porte le numéro 3, cela signifie qu'il porte sur toutes les notions (exercice de synthèse).

• **À la fin de chaque page, l'enfant est invité à s'auto-évaluer.**

• **Les corrigés détachables sont situés au centre du cahier.**

Sommaire

Corrigés détachables au centre du cahier

1

Les lettres : minuscules et majuscules

1 ballon

BALLON

▶ Les mots s'écrivent avec des lettres.
Une même lettre peut avoir différentes formes.
• **b – a – l** sont des lettres **minuscules**.
• **B – A – L** sont des lettres **majuscules**.

2 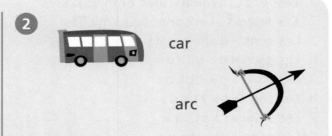 car

arc

▶ **Attention**, dans un mot, l'ordre des lettres est très important.

Je m'entraîne

1a **Repasse en rouge les lettres** majuscules.

a   E   n   u   U   b   r
                       s

    A   E   S   R   B
       N

1b **Relie les trois écritures différentes d'une même lettre.**

a •   • *g* •   • B
h •   • *h* •   • H
d •   • *d* •   • G
g •   • *a* •   • D
b •   • *b* •   • A

2 **Dans chaque étiquette, entoure le mot recopié correctement.**

 | montre |

monter
nomtre
montre

 | table |

table
talbe
tabel

 | étoile |

étiole
etoilé
étoile

 As-tu réussi tes exercices ?

Très bien ☐   **Assez bien** ☐   **Pas assez bien** ☐

Je découvre et je retiens

1  Le mot *pomme* s'écrit avec 4 lettres différentes.

p – o – m – m – e

▶ Il y a **26 lettres** différentes pour écrire les mots.
A B C D E F G H I J K L M N O P Q R S T U V W X Y Z

2

l – u – n – e

▶ Dans l'alphabet, il y a **6 voyelles** :
a – e – i – o – u – y.
Les autres lettres sont des **consonnes**.

Je m'entraîne

1a **Entoure le nombre de lettres différentes qu'il faut pour écrire les mots.**

3
4
5
6   seau

3
4
5
6   moto

5
6
7
8   papillon

1b **Entoure les lettres utilisées pour écrire les mots.**

robinet    a b c d e f g h i j k l m n o p q r s t u v w x y z

parapluie    a b c d e f g h i j k l m n o p q r s t u v w x y z

2a **Entoure les voyelles.**

c h a p e a u   t r a c t e u r

2b **Combien faut-il de voyelles et de consonnes différentes pour écrire ces mots ?**

 salade

 arrosoir

consonnes : _____

voyelles : _____

consonnes : _____

voyelles : _____

As-tu réussi tes exercices ?

Très bien ☐   Assez bien ☐   Pas assez bien ☐

3 Les sons « a », « e », « i »

Je découvre et je retiens

1
chat
chat
- ► J'entends « **a** ».
- ► Je vois **a**, *a*.
- ► Le son « **a** » s'écrit **a**, *a*.

2
cheval
cheval
- ► J'entends « **e** ».
- ► Je vois **e**, *e*.
- ► Le son « **e** » s'écrit **e**, *e*.

3
lit   pyjama
lit   *pyjama*
- ► J'entends « **i** ».
- ► Je vois **i**, *i* et **y**, *y*.
- ► Le son « **i** » s'écrit **i**, *i* et **y**, *y*.

Je m'entraîne

1 Entoure en jaune quand tu entends le son « a ».

2 Entoure en vert quand tu entends le son « e » et en rouge quand tu entends le son « i ».

  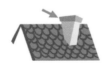 

3 Découpe les étiquettes à la fin de ton cahier, puis complète les mots en collant chaque étiquette à l'emplacement qui convient.

g [ ] nou   [ ] n [ ] nas   b [ ] b [ ] ron   c [ ] r [ ] se

As-tu réussi tes exercices ?

Très bien [ ]   Assez bien [ ]   Pas assez bien [ ]

4 Les sons « o » et « u »

Je découvre et je retiens

1

robot
robot

vélo
vélo

▶ J'entends **« o »**.
▶ Je vois **o**, *o*.
▶ Le son **« o »** s'écrit **o**, *o*.

2

lune
lune

tortue
tortue

▶ J'entends **« u »**.
▶ Je vois **u**, *u*.
▶ Le son **« u »** s'écrit **u**, *u*.

Je m'entraîne

1 Entoure en jaune quand tu entends le son « o ».

2 Entoure en vert quand tu entends le son « u ».

  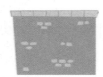 

3 Découpe les étiquettes à la fin de ton cahier, puis complète les mots en collant chaque étiquette à l'emplacement qui convient.

j [ ] pe   n [ ] age   styl [ ]   p [ ] ll   d [ ] min [ ]

As-tu réussi tes exercices ?

Très bien [ ]   Assez bien [ ]   Pas assez bien [ ]

5 Les sons « p » et « b »

Je découvre et je retiens

1

papi

papi

papillon

papillon

▶ J'entends **« p »**.
▶ Je vois **p**, *p*.

$$p \to \begin{array}{l} a \to pa \\ e \to pe \end{array}$$

$$p \to \begin{array}{l} i \to pi \\ o \to po \\ u \to pu \end{array}$$

2

biberon

biberon

balai

balai

▶ J'entends **« b »**.
▶ Je vois **b**, *b*.

$$b \to \begin{array}{l} a \to ba \\ e \to be \end{array}$$

$$b \to \begin{array}{l} i \to bi \\ o \to bo \\ u \to bu \end{array}$$

Je m'entraîne

1 Entoure en jaune quand tu entends le son « p ».

2 Entoure en vert quand tu entends le son « b ».

3 Découpe les étiquettes à la fin de ton cahier, puis complète les mots en collant chaque étiquette à l'emplacement qui convient.

ta ☐ s   com ☐ s   cra ☐   sa ☐ t   ☐ teau

As-tu réussi tes exercices ?

Très bien ☐   Assez bien ☐   Pas assez bien ☐

6 Les sons « t » et « d »

Je découvre et je retiens

1

tapis
tapis

moto
moto

▶ J'entends « **t** ».
▶ Je vois **t**, *t*.

t → a → ta
→ e → te

t → i → ti
→ o → to
→ u → tu

2

radis
radis

pédale
pédale

▶ J'entends « **d** ».
▶ Je vois **d**, *d*.

d → a → da
→ e → de

d → i → di
→ o → do
→ u → du

Je m'entraîne

1 Entoure en rouge quand tu entends le son « t ».

2 Entoure en bleu quand tu entends le son « d ».

  10

3 Découpe les étiquettes à la fin de ton cahier, puis complète les mots en collant chaque étiquette à l'emplacement qui convient.

ble   me   gre   ma   s

As-tu réussi tes exercices ?

Très bien ☐   Assez bien ☐   Pas assez bien ☐

7 Les sons « l » et « r »

Je découvre et je retiens

1

salade
salade

stylo
stylo

► J'entends « l ».
► Je vois l, *l*.

l → a → la
    → e → le

l → i → li
    → o → lo
    → u → lu

2

râteau
râteau

souris
souris

► J'entends « r ».
► Je vois r, *r*.

r → a → ra
    → e → re

r → i → ri
    → o → ro
    → u → ru

Je m'entraîne

1 **Entoure en rouge quand tu entends le son « l ».**

2 **Entoure en bleu quand tu entends le son « r ».**

3 **Découpe les étiquettes à la fin de ton cahier, puis complète les mots en collant chaque étiquette à l'emplacement qui convient.**

î [ ]   [ ] me   [ ] ge   ce [ ] se   ti [ ]   [ ] re

As-tu réussi tes exercices ?

Très bien ☐   Assez bien ☐   Pas assez bien ☐

8 Les sons « é » et « ê »

Je découvre et je retiens

1

bébé
bébé

télé
télé

▶ J'entends **« é »**.
▶ Je vois **é**, *é*.

p → é → p**é**
b → é → b**é**
t → é → t**é**

d → é → d**é**
l → é → l**é**

2

tête
tête

lèvre
lèvre

▶ J'entends **« ê »**.
▶ Je vois **ê**, *ê* et **è**, *è*.

t → ê → t**ê**
d → ê → d**ê**
p → ê → p**ê**

l → è → l**è**
r → è → r**è**

Je m'entraîne

1 **Entoure en vert quand tu entends le son « é ».**

2 **Entoure en bleu quand tu entends le son « ê ».**

3 **Découpe les étiquettes à la fin de ton cahier, puis complète les mots en collant chaque étiquette à l'emplacement qui convient.**

☐ dale   ☐ cheur   a ☐ te   é ☐ ve   ☐ ☐ phone

As-tu réussi tes exercices ?

Très bien ☐   **Assez bien** ☐   **Pas assez bien** ☐

9 # Les sons « m » et « n »

Je découvre et je retiens

1

malade   fourmi

malade   *fourmi*

▶ J'entends **« m »**.

▶ Je vois **m**, *m*.

$$m \to \begin{cases} a \to ma \\ i \to mi \\ u \to mu \end{cases} \qquad m \to \begin{cases} é \to mé \\ ê \to mê \end{cases}$$

2

nappe   niche

nappe   *niche*

▶ J'entends **« n »**.

▶ Je vois **n**, *n*.

$$n \to \begin{cases} a \to na \\ i \to ni \\ e \to ne \end{cases} \qquad n \to \begin{cases} o \to no \\ è \to nè \end{cases}$$

Je m'entraîne

1 **Entoure en rouge quand tu entends le son « m ».**

2 **Entoure en bleu quand tu entends le son « n ».**

3 **Découpe les étiquettes à la fin de ton cahier, puis complète les mots en collant chaque étiquette à l'emplacement qui convient.**

   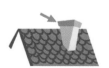

☐ d   ba ☐ ☐   do ☐ ☐   che ☐ ☐ e   ☐ ☐ ge

As-tu réussi tes exercices ?

Très bien ☐   Assez bien ☐   Pas assez bien ☐

10 Le son « ou »

pouce — *pouce*

hibou — *hibou*

louche — *louche*

route — *route*

▶ J'entends **« ou »**.
▶ Je vois **ou**, *ou*.

p → **ou** → p**ou**   t → **ou** → t**ou**   d → **ou** → d**ou**   m → **ou** → m**ou**

Je m'entraîne

1 **Colorie les dessins quand tu entends le son « ou ».**

 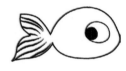  

2 **Entoure le mot qui correspond à chaque dessin.**

bouche
ruche
douche
mouche

moule
boule
poule
route

loup
pou
pull
mur

3 **Découpe les étiquettes à la fin de ton cahier, puis complète les mots en collant chaque étiquette à l'emplacement qui convient.**

☐☐   ☐ lin   ☐ ze   ☐ ton   ☐☐ e

As-tu réussi tes exercices ?

Très bien ☐   Assez bien ☐   Pas assez bien ☐

11 Les sons « f » et « v »

1

fée
fée

girafe
girafe

▶ J'entends « f ».
▶ Je vois f, *f*.

f
→ é → fé
→ e → fe
→ u → fu

f
→ i → fi
→ ou → fou

2

volant
volant

locomotive
locomotive

▶ J'entends « v ».
▶ Je vois v, *v*.

v
→ o → vo
→ e → ve
→ u → vu

v
→ a → va
→ ê → vê

Je m'entraîne

1 Entoure en rouge quand tu entends le son « f ».

2 Entoure en bleu quand tu entends le son « v ».

 20

3 Découpe les étiquettes à la fin de ton cahier, puis complète les mots en collant chaque étiquette à l'emplacement qui convient.

la ☐ ☐   ☐ mée   ☐ ri   ☐ let   ☐ olon

As-tu réussi tes exercices ?

Très bien ☐   Assez bien ☐   Pas assez bien ☐

12 Les sons « k » et « g »

Je découvre et je retiens

1

carotte

carotte

collier

collier

▶ J'entends **« k »**.

▶ Je vois **c**, *c*.

c → a → **c**a   c → ou → **c**ou
→ o → **c**o   → u → **c**u

2

gare

gare

escargot

escargot

▶ J'entends **« g »**.

▶ Je vois **g**, *g*.

g → a → **g**a   g → ou → **g**ou
→ o → **g**o   → u → **g**u

Je m'entraîne

1 Entoure en rouge quand tu entends le son « k ».

2 Entoure en bleu quand tu entends le son « g ».

3 Découpe les étiquettes à la fin de ton cahier, puis complète les mots en collant chaque étiquette à l'emplacement qui convient.

      [ ] re   fi [ ] re   kan [ ] [ ]

As-tu réussi tes exercices ?

Très bien [ ]   Assez bien [ ]   Pas assez bien [ ]

13 Le son « on »

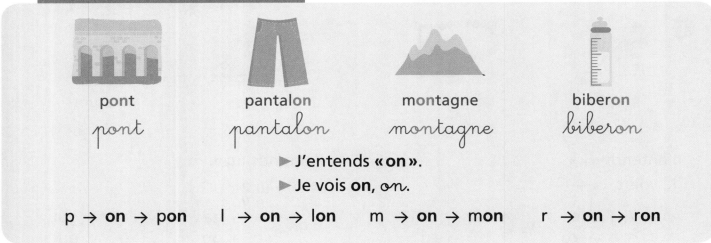

pont
pont

pantalon
pantalon

montagne
montagne

biberon
biberon

▶ J'entends **« on »**.
▶ Je vois **on**, *on*.

p → **on** → p**on**   l → **on** → l**on**   m → **on** → m**on**   r → **on** → r**on**

Je m'entraîne

1 Colorie les dessins quand tu entends le son « on ».

2 Entoure le mot qui correspond à chaque dessin.

tomate
montre
talon
moule

ronde
ballon
bonnet
sonde

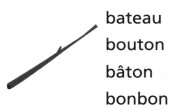
bateau
bouton
bâton
bonbon

3 Découpe les étiquettes à la fin de ton cahier, puis complète les mots en collant chaque étiquette à l'emplacement qui convient.

   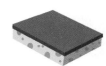

☐ ☐   hé ☐   ☐ ze   ☐ fi ☐   ☐ ☐ ge

As-tu réussi tes exercices ?

Très bien ☐   Assez bien ☐   Pas assez bien ☐

14 Les sons « an » et « in »

Je découvre et je retiens

1

landau

landau

rectangle

rectangle

► J'entends **«an»**.
► Je vois **an**, *an*.

l → **an** → lan
t → **an** → tan   p → **an** → pan
m → **an** → man   g → **an** → gan

2

sapin

sapin

moulin

moulin

► J'entends **«in»**.
► Je vois **in**, *in*.

p → **in** → pin
l → **in** → lin   n → **in** → nin
d → **in** → din   v → **in** → vin

Je m'entraîne

1 Entoure en vert quand tu entends le son «an».

2 Entoure en jaune quand tu entends le son «in».

3 Découpe les étiquettes à la fin de ton cahier, puis complète les mots en collant chaque étiquette à l'emplacement qui convient.

| | | t | ma | | la | | | | | | |

As-tu réussi
tes exercices ?

Très bien ☐   Assez bien ☐   Pas assez bien ☐

15 Le son « ch »

Je découvre et je retiens

chapeau
chapeau

parachute
parachute

machine
machine

hache
hache

▶ J'entends **« ch »**.
▶ Je vois **ch**, *ch*.

ch → a → **cha**
ch → u → **chu**

ch → i → **chi**
ch → e → **che**

Je m'entraîne

1 Colorie les dessins quand tu entends le son « ch ».

2 Entoure le mot qui correspond à chaque dessin.

chou
clou
ruche
cloche

couche
douche
bouche
louche

cheminée
chemise
chemin
cheval

3 Découpe les étiquettes à la fin de ton cahier, puis complète les mots en collant chaque étiquette à l'emplacement qui convient.

☐ t ☐ ☐ ☐ ☐ t ☐ ☐ bû ☐ ☐

 As-tu réussi tes exercices ?

Très bien ☐   Assez bien ☐   Pas assez bien ☐

16 Le son « j »

Je découvre et je retiens

1

jupe

bijou

 jupe   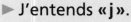 *bijou*

▶ J'entends « **j** ».

▶ Je vois **j**, *j*.

$$j \nearrow u \rightarrow ju$$
$$\searrow ou \rightarrow jou$$

2

genou

girafe

genou   *girafe*

▶ J'entends « **j** ».

▶ Je vois **g**, *g*.

$$g \nearrow e \rightarrow ge$$
$$\searrow i \rightarrow gi$$

Je m'entraîne

1 Colorie les dessins quand tu entends le son « j ».

2 Entoure le mot qui correspond à chaque dessin.

bouche
bougie
bagage
bijou

joue
chou
journal
bonjour

jupe
page
juge
plage

3 Découpe les étiquettes à la fin de ton cahier, puis complète les mots en collant chaque étiquette à l'emplacement qui convient.

☐ e   ☐ do   ☐ ☐ ☐ o   ☐ py ☐ ☐

As-tu réussi tes exercices ?

Très bien ☐   Assez bien ☐   Pas assez bien ☐

17 Le son « s »

1 salade   soupe

▶ J'entends « **s** ».
▶ Je vois **s**, δ.

$$s \nearrow \begin{array}{l} a \to sa \\ ou \to sou \end{array}$$

2 pouce   citron

▶ J'entends « **s** ».
▶ Je vois **c**, c.

$$c \nearrow \begin{array}{l} e \to ce \\ i \to ci \end{array}$$

Je m'entraîne

1 Colorie les dessins quand tu entends le son « s ».

 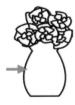  

2 Entoure le mot qui correspond à chaque dessin.

chaton
salon
selon
sabot

soleil
soupe
soldat
souris

cerise
carré
colis
cinéma

3 Découpe les étiquettes à la fin de ton cahier, puis complète les mots en collant chaque étiquette à l'emplacement qui convient.

[ ] von   [ ] rop   [ ] cou   [ ] da [ ]   pin [ ]

 As-tu réussi tes exercices ?

Très bien [ ]   Assez bien [ ]   Pas assez bien [ ]

18 Le son « z »

Je découvre et je retiens

1

vase
vase

maison
maison

▶ J'entends **« z »**.
▶ Je vois **s**, 𝔰.

s →→ é → fu**s**ée
→ a → vi**s**age

2

onze
onze

zorro
zorro

▶ J'entends **« z »**.
▶ Je vois **z**, 𝔷.

z →→ è → **z**è
→ o → **z**o
→ a → **z**a

Je m'entraîne

1 Colorie les dessins quand tu entends le son « z ».

2 Entoure le mot qui correspond à chaque dessin.

rose
case
zéro

sortie
souris
trésor

maison
prison
vison

3 Découpe les étiquettes à la fin de ton cahier, puis complète les mots en collant chaque étiquette à l'emplacement qui convient.

u ☐ ☐   ☐ ☐   trapè ☐   di ☐ ☐   bi ☐

As-tu réussi tes exercices ?

Très bien ☐   Assez bien ☐   Pas assez bien ☐

19 Le son « oi »

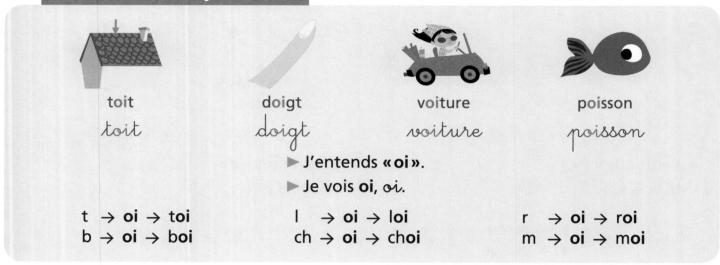

toit

toit

doigt

doigt

voiture

voiture

poisson

poisson

▶ J'entends **« oi »**.

▶ Je vois **oi**, *oi*.

t → **oi** → t**oi**
b → **oi** → b**oi**

l → **oi** → l**oi**
ch → **oi** → ch**oi**

r → **oi** → r**oi**
m → **oi** → m**oi**

Je m'entraîne

1 Colorie les dessins quand tu entends le son « oi ».

    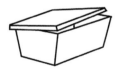

2 Entoure le mot qui correspond à chaque dessin.

noix
bois
toit
mois

toit
étoile
poil
voile

point
lion
roi
poids

3 Découpe les étiquettes à la fin de ton cahier, puis complète les mots en collant chaque étiquette à l'emplacement qui convient.

ar ☐ ☐   ☐ ds   ☐ ☐   ☐ ☐ s   arro ☐

As-tu réussi tes exercices ?

Très bien ☐   Assez bien ☐   Pas assez bien ☐

20 Les sons « eu » et « eur »

Je découvre et je retiens

1

feu

feu

nœud

nœud

▶ J'entends « **eu** ».

▶ Je vois **eu**, *eu*, **œu**, *œu*.

f → **eu** → feu
n → **œu** → nœu

2

docteur

docteur

cœur

cœur

▶ J'entends « **eur** ».

▶ Je vois **eur**, *eur*, **œur**, *œur*.

t → **eur** → teur
c → **œur** → cœur

Je m'entraîne

1 **Colorie les dessins quand tu entends le son « eu » comme dans « deux ».**

   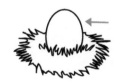 

2 **Entoure le mot qui correspond à chaque dessin.**

neuf
vent
menu
euro

chasseur
classeur
chaleur
clameur

immeuble
meuble
demeure
revenu

3 **Découpe les étiquettes à la fin de ton cahier, puis complète les mots en collant chaque étiquette à l'emplacement qui convient.**

chas ☐   ☐   ☐ se   vo ☐   ☐   ☐ se   ☐   ☐

As-tu réussi tes exercices ?

Très bien ☐   Assez bien ☐   Pas assez bien ☐

21 Le son « gn »

Je découvre et je retiens

peigne

peigne

araignée

araignée

signature

signature

► J'entends **« gn »**.
► Je vois **gn**, *gn*.

gn → e → **gn**e
→ é → **gn**é
→ a → **gn**a

gn → on → **gn**on
→ oi → **gn**oi
→ et → **gn**et

Je m'entraîne

1 **Colorie les dessins quand tu entends le son « gn ».**

   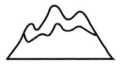

2 **Entoure le mot qui correspond à chaque dessin.**

figue
vigne
vingt
ligne

guépard
chignon
muguet
poignard

poignée
muguet
tigre
panier

3 **Découpe les étiquettes à la fin de ton cahier, puis complète les mots en collant chaque étiquette à l'emplacement qui convient.**

ci ☐ ☐   ☐ ☐   li ☐   bei ☐   pei ☐

As-tu réussi tes exercices ?

Très bien ☐   Assez bien ☐   Pas assez bien ☐

22 *an* et **na** – *on* et **no** – *in* et **ni**

Je découvre et je retiens

1

ancre   navire

ancre   *navire*

a → n → **an**
n → a → **na**

2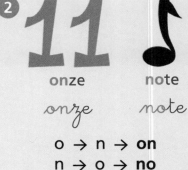

onze   note

onze   *note*

o → n → **on**
n → o → **no**

3

indien   niche

indien   *niche*

i → n → **in**
n → i → **ni**

► L'ordre des lettres change le son.

Je m'entraîne

1 Entoure le son que tu entends.

an na   on no   in ni   an na   in ni

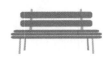

2 Entoure le mot qui correspond à chaque dessin.

chemin
chemise
cheminée

narine
animal
navire

canot
canon
canne

3 Découpe les étiquettes à la fin de ton cahier, puis complète les mots en collant chaque étiquette à l'emplacement qui convient.

do ☐ ☐   p ☐ tal ☐   ri ☐   c ☐ die

As-tu réussi tes exercices ?

Très bien ☐   Assez bien ☐   Pas assez bien ☐

23 ar, or, ur... – ac, oc, uc...

Je découvre et je retiens

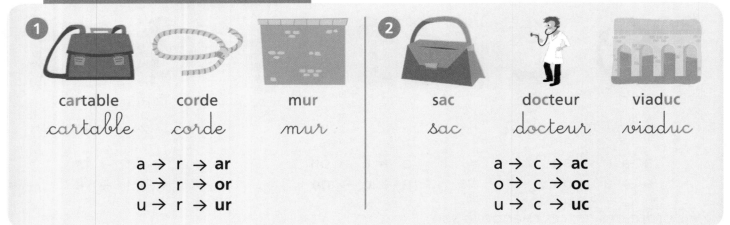

1 cartable · *cartable* · corde · *corde* · mur · *mur*

a → r → **ar**
o → r → **or**
u → r → **ur**

2 sac · *sac* · docteur · *docteur* · viaduc · *viaduc*

a → c → **ac**
o → c → **oc**
u → c → **uc**

Je m'entraîne

1 **Entoure le son que tu entends.**

ar ra	ur ru	ac ca	or ro	ir ri

2 **Entoure le mot qui correspond à chaque dessin.**

bac
café
cave

carte
mare
larme

forme
foulard
farine

3 **Découpe les étiquettes à la fin de ton cahier, puis complète les mots en collant chaque étiquette à l'emplacement qui convient.**

b ☐ ☐

☐ ☐ tte

f ☐ ☐

f ☐ teur

As-tu réussi tes exercices ?

Très bien ☐   Assez bien ☐   Pas assez bien ☐

24 as, is, os... – al, il, ol...

Je découvre et je retiens

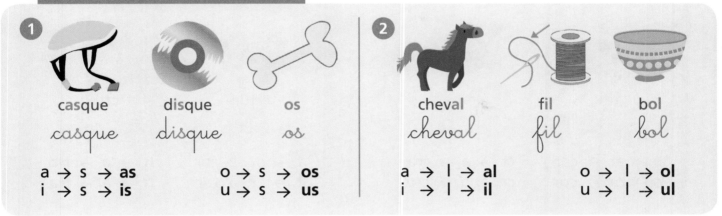

1

casque — *casque*

disque — *disque*

os — *os*

a → s → **as**
i → s → **is**

o → s → **os**
u → s → **us**

2

cheval — *cheval*

fil — *fil*

bol — *bol*

a → l → **al**
i → l → **il**

o → l → **ol**
u → l → **ul**

Je m'entraîne

1 Entoure le son que tu entends.

as   sa

os   so

al   la

us   su

ol   lo

2 Entoure le mot qui correspond à chaque dessin.

île
lime
pile
poli

poilu
pull
sucre
lustre

escalier
secours
espace
sentier

3 Découpe les étiquettes à la fin de ton cahier, puis complète les mots en collant chaque étiquette à l'emplacement qui convient.

☐ p ☐ ge

m ☐ ti ☐

☐ c ☐ got

☐ ☐ de

As-tu réussi tes exercices ?

Très bien ☐   Assez bien ☐   Pas assez bien ☐

Je découvre et je retiens

carte

carte

c → ar → **car**
c → or → **cor**

crabe

crabe

cr → a → **cra**
cr → o → **cro**

tortue

tortue

t → or → **tor**
t → ar → **tar**

trottoir

trottoir

tr → o → **tro**
tr → a → **tra**

Je m'entraîne

1 Entoure le son que tu entends.

car cra

cor cro

dar dra

por pro

pri pir

2 Entoure le mot qui correspond à chaque dessin.

cravate
cartable
crapaud
carnaval

tracteur
tarte
train
tartine

corbeau
crocodile
crochet
cornichon

3 Découpe les étiquettes à la fin de ton cahier, puis complète les mots en collant chaque étiquette à l'emplacement qui convient.

| | | te | | | | | versin | | te | au | | |

As-tu réussi tes exercices ?

Très bien ☐   **Assez bien** ☐   **Pas assez bien** ☐

26 *ien* et *ein* – *ian* et *ain*

Je découvre et je retiens

1

chien   peintre

chien   *peintre*

▶ *ien* : on entend d'abord le son « **i** ».

▶ *ein* : c'est le son « **in** ».

2

triangle   pain

triangle   *pain*

▶ *ian* : on entend d'abord le son « **i** ».

▶ *ain* : c'est le son « **in** ».

▶ L'ordre des lettres change le son.

Je m'entraîne

1 Entoure le **son** que tu entends.

ien ein	ian ain	ien ian	ien ein	ian ain

2 Entoure le mot qui correspond à chaque dessin.

mien
nain
main
mamie

gardien
gradin
galérien
gratin

ceinture
centre
client
chien

3 Découpe les étiquettes à la fin de ton cahier, puis complète les mots en collant chaque étiquette à l'emplacement qui convient.

☐ d☐   ☐☐ c☐   p☐☐ re   tr☐ gle

As-tu réussi tes exercices ?

Très bien ☐   Assez bien ☐   Pas assez bien ☐

27 · *pr* et *br* – *tr* et *dr*

Je découvre et je retiens

1

prison

prison

pr → i → **pri**
pr → o → **pro**

brique

brique

br → i → **bri**
br → o → **bro**

2

fenêtre

fenêtre

tr → e → **tre**
tr → a → **tra**

cadre

cadre

dr → e → **dre**
dr → a → **dra**

Je m'entraîne

1 Entoure le son que tu entends.

tr   dr

pr   br

pr   br

tr   dr

pr   br

2 Entoure le mot qui correspond à chaque dessin.

briquet
prix
brioche
prince

traîneau
cadran
treize
droite

prune
brune
prairie
brebis

3 Découpe les étiquettes à la fin de ton cahier, puis complète les mots en collant chaque étiquette à l'emplacement qui convient.

☐ ne   ☐ ☐   ☐ ☐ let   ven ☐   ☐ ma ☐ re

As-tu réussi tes exercices ?

Très bien ☐   **Assez bien** ☐   **Pas assez bien** ☐

28 *fr* et *vr* – *cr* et *gr*

Je découvre et je retiens

coffre
coffre

livre
livre

fr → e → **fre**
fr → a → **fra**

vr → e → **vre**
vr → a → **vra**

sucre
sucre

tigre
tigre

cr → e → **cre**
cr → a → **cra**

gr → e → **gre**
gr → a → **gra**

Je m'entraîne

1 Entoure le son que tu entends.

cr   gr

gr   vr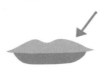

cr   fr

fr   vr

cr   gr

2 Entoure le mot qui correspond à chaque dessin.

cravate
grappe
grave
crapaud

croc
gros
croix
grand

frère
chèvre
fraise
vrai

3 Découpe les étiquettes à la fin de ton cahier, puis complète les mots en collant chaque étiquette à l'emplacement qui convient.

☐ ffe

☐ niè ☐

liè ☐

☐ chet

☐ ma

As-tu réussi tes exercices ?

Très bien ☐   Assez bien ☐   Pas assez bien ☐

29 *pl* et *bl* – *cl* et *gl*

Je découvre et je retiens

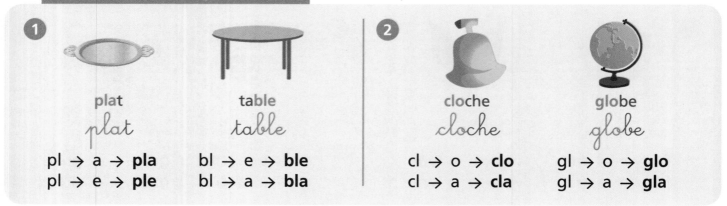

1

plat
plat

table
table

pl → a → **pla**
pl → e → **ple**

bl → e → **ble**
bl → a → **bla**

2

cloche
cloche

globe
globe

cl → o → **clo**
cl → a → **cla**

gl → o → **glo**
gl → a → **gla**

Je m'entraîne

1 Entoure le son que tu entends.

pl bl

cl gl

pl bl

cl gl

cl gl

2 Entoure le mot qui correspond à chaque dessin.

plante
planche
blouse
blouson

cartable
établi
placard
plongeur

classeur
classe
claque
clou

3 Découpe les étiquettes à la fin de ton cahier, puis complète les mots en collant chaque étiquette à l'emplacement qui convient.

  ☐ fond

 ci ☐

 ☐ ssade

 on ☐

 cer ☐

As-tu réussi tes exercices ?

Très bien ☐   Assez bien ☐   Pas assez bien ☐

30 Le son « ill »

fille
fille

billet
billet

papillon
papillon

▶ J'entends « ill ». Je vois **ill**, *ill*.

f	→ **ille**	→ **fille**	
b	→ **ille**	→ **bille**	
p	→ **ille**	→ **pille**	
t	→ **ille**	→ **tille**	

ill	→ et	→ **illet**
ill	→ a	→ **illa**
ill	→ on	→ **illon**
ill	→ o	→ **illo**

Je m'entraîne

1 Entoure le dessin quand tu entends le son « ill ».

2 Entoure le mot qui correspond à chaque dessin.

fille
bille
quille
grille

grillon
grillage
maquillage
coquillage

vanille
torpille
brindille
béquille

3 Découpe les étiquettes à la fin de ton cahier, puis complète les mots en collant chaque étiquette à l'emplacement qui convient.

go ☐   len ☐   che ☐   che ☐   jon ☐

As-tu réussi tes exercices ?

Très bien ☐   Assez bien ☐   Pas assez bien ☐

31 elle – ette – esse – erre

Je découvre et je retiens

poubelle
poubelle

galette
galette

tresse
tresse

verre
verre

b → **elle** → **belle**
p → **elle** → **pelle**

l → **ette** → **lette**
n → **ette** → **nette**

r → **esse** → **resse**
m → **esse** → **messe**

v → **erre** → **verre**
s → **erre** → **serre**

Je m'entraîne

1 Entoure le son que tu entends.

elle   ette

esse   erre

elle   esse

ette   erre

esse   ette

2 Entoure le mot qui correspond à chaque dessin.

guerre
pierre
serre
terre

épuisette
étiquette
violette
voilette

princesse
maîtresse
kermesse
forteresse

3 Découpe les étiquettes à la fin de ton cahier, puis complète les mots en collant chaque étiquette à l'emplacement qui convient.

é ▢

ju ▢

ba ▢

a ▢

cre ▢

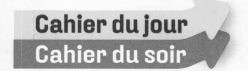

Corrigés

Français CP

• Une fois les exercices terminés, l'enfant consultera les **corrigés**. Dans un premier temps, il faudra s'assurer qu'il a compris la **cause de son erreur** ; si ce n'est pas le cas, votre aide lui sera précieuse.

• Ensuite, à la fin de chaque page, **l'enfant s'auto-évaluera** en répondant à la question **« As-tu réussi tes exercices ? »** et en cochant la case correspondant à ses résultats.
– Si la majorité des exercices est juste, l'enfant cochera la case « Très bien ».
– S'il a à peu près autant d'exercices justes que d'exercices faux, il indiquera « Assez bien ».
– S'il a plus d'exercices faux que d'exercices justes, il cochera la case « Pas assez bien ».

Grâce à cette petite rubrique, l'enfant apprendra à évaluer son travail et à progresser sans jamais se décourager. S'il a coché la case « Pas assez bien », rassurez-le en lui disant que l'essentiel n'est pas le résultat mais la compréhension des erreurs commises.

LECTURE

1. Les lettres : minuscules et majuscules

1a a E n u U s b r
A E B
N S R

1b
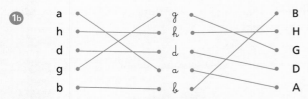

2 À corriger avec l'aide d'un adulte.

2. Les lettres : consonnes et voyelles

1a seau : 4 lettres (s-e-a-u) – moto : 3 lettres (m-o 2 fois et t) – papillon : 6 lettres (p 2 fois, a-i-l 2 fois et o-n).

1b
robinet   a ⓑ c d ⓔ f g h ⓘ j k l m ⓝ ⓞ p q ⓡ ⓢ ⓣ u v w x y z

parapluie   ⓐ b c d ⓔ f g h ⓘ j k ⓛ m n o ⓟ q ⓡ s t ⓤ v w x y z

2a c h ⓐ p ⓔ ⓐ ⓤ – t r ⓐ c t ⓔ ⓤ r

2b salade : 3 consonnes (s-l-d) et 2 voyelles (a 2 fois et e) – arrosoir : 2 consonnes (r 3 fois et s) et 3 voyelles (a-o 2 fois et i).

3. Les sons « a », « e », « i »

1 On entend le son « a » dans : banane – avion – valise.

2 On entend le son « e » dans : cheminée – requin ; on entend le son « i » dans : nid – domino – cheminée.

3 genou – ananas – biberon – cerise

4. Les sons « o » et « u »

1 On entend le son « o » dans : piano – lavabo – moto.

2 On entend le son « u » dans : grue – mur – ceinture.

3 jupe – nuage – stylo – pull – domino

5. Les sons « p » et « b »

1 On entend le son « p » dans : pile – poupée – lampe.

2 On entend le son « b » dans : boîte – bougie.

3 tapis – compas – crabe – sabot – bateau

6. Les sons « t » et « d »

1 On entend le son « t » dans : timbre – tente – téléphone.

2 On entend le son « d » dans : doigt – dix – douche.

3 table – dame – tigre – tomate – dos

7. Les sons « l » et « r »

1 On entend le son « l » dans : ballon – bol – chocolat – collier.

2 On entend le son « r » dans : raisin – carré – réveil.

3 île – rame – luge – cerise – tirelire

8. Les sons « é » et « ê »

1 On entend le son « é » dans : araignée – éponge – nez.

2 On entend le son « ê » dans : peigne – flèche – fenêtre.

3 pédale – pêcheur – arête – élève – téléphone

9. Les sons « m » et « n »

1 On entend le son « m » dans : main – montagne – allumette.
2 On entend le son « n » dans : bonnet – genou – ananas.
3 nid – banane – domino – cheminée – manège

10. Le son « ou »

1 On entend le son « ou » dans : poussin – bouchon – couteau.
2 bouche – poule – loup
3 loupe – moulin – douze – bouton – poupée

11. Les sons « f » et « v »

1 On entend le son « f » dans : feu – fusée.
2 On entend le son « v » dans : cheveu – vingt – volet – avion.
3 lavabo – fumée – farine – filet – violon

12. Les sons « k » et « g »

1 On entend le son « k » dans : cœur – camion – cochon.
2 On entend le son « g » dans : guitare – glace – bague.
3 cube – coude – gare – figure – kangourou

13. Le son « on »

1 On entend le son « on » dans : savon – bouchon – papillon – trompette.
2 montre – ronde – bâton
3 melon – héron – onze – confiture – éponge

14. Les sons « an » et « in »

1 On entend le son « an » dans : champignon – jambon – serpent.
2 On entend le son « in » dans : ceinture – pain – requin.
3 volant – marin – lapin – ruban – pantalon

15. Le son « ch »

1 On entend le son « ch » dans : mouchoir – chaussure – château.
2 ruche – louche – chemin
3 chat – vache – chocolat – cochon – bûcheron

16. Le son « j »

1 On entend le son « j » dans : singe – jumelles – nuage.
2 bougie – journal – page
3 joue – judo – manège – orange – pyjama

17. Le son « s »

1 On entend le son « s » dans : poisson – seau – six.
2 sabot – souris – cinéma
3 savon – sirop – soucoupe – sandale – pince

18. Le son « z »

1 On entend le son « z » dans : fusil – maison – valise.
2 rose – trésor – prison
3 usine – raisin – trapèze – dizaine – bison

19. Le son « oi »

1 On entend le son « oi » dans : étoile – armoire – oiseau – boîte.
2 noix – voile – roi
3 ardoise – poids – poire – chamois – arrosoir

20. Les sons « eu » et « eur »

1 On entend le son « eu » dans : queue – cheveu.
2 euro – classeur – meuble
3 chasseur – danseuse – voleur – tondeuse – chanteur

21. Le son « gn »

1 On entend le son « gn » dans : champignon – baignoire – montagne.
2 vigne – chignon – poignée
3 cigogne – poignet – ligne – beignet – peignoir

22. *an* et *na* – *on* et *no* – *in* et *ni*

1 On entend *an* dans banc ; *no* dans piano ; *ni* dans nid ; *na* dans nappe ; *in* dans moulin.
2 chemise – animal – canne
3 domino – pantalon – narine – incendie

23. *ar, or, ur… – ac, oc, uc…*

1 On entend *ar* dans tarte ; *ru* dans ruban ; *ac* dans lac ; *or* dans porte ; *ri* dans cerise.
2 café – larme – foulard
3 barbe – roulotte – fourmi – facteur

24. *as, is, os… – al, il, ol…*

1 On entend *sa* dans sac ; *os* dans poste ; *al* dans journal ; *su* dans sucre ; *ol* dans soldat.
2 pile – lustre – escalier
3 asperge – moustique – escargot – salade

25. *car* et *cra…* – *tor* et *tro…*

1 On entend *car* dans cartable ; *cro* dans crocodile; *dra* dans drapeau ; *por* dans porte ; *pri* dans prison.
2 crapaud – tartine – corbeau
3 cravate – tricot – traversin – tarte – autocar

26. *ien* et *ein* – *ian* et *ain*

1 On entend *ien* dans musicien ; *ian* dans viande ; *ien* dans chien ; *ein* dans frein ; *ain* dans train.
2 main – gardien – ceinture
3 indien – magicien – peinture – triangle

27. *pr* et *br* – *tr* et *dr*

1 On entend *dr* dans drapeau ; *br* dans bras ; *br* dans arbre ; *tr* dans trousse ; *br* dans brosse.
2 brioche – cadran – brebis
3 prune – branche – bracelet – ventre – dromadaire

28. *fr* et *vr* – *cr* et *gr*

1 On entend *cr* dans **cr**ocodile ; *vr* dans lè**vr**e ; *cr* dans **cr**apaud ; *fr* dans chi**fr**e ; *cr* dans **cr**evette.

2 **cr**avate – **cr**oix – **fr**aise

3 **gr**iffe – **cr**inière – liè**vr**e – **cr**ochet – **fr**omage

29. *pl* et *bl* – *cl* et *gl*

1 On entend *bl* dans ta**bl**eau ; *cl* dans **cl**é ; *pl* dans **pl**ume ; *gl* dans trian**gl**e et **gl**ace.

2 **pl**anche – **pl**ongeur – **cl**ou

3 **pl**afond – ci**bl**e – **gl**issade – on**gl**e – cer**cl**e

30. Le son « ill »

1 On entend le son « ill » dans : aigu**ill**e – cu**ill**ère – qu**ill**e.

2 f**ill**e – gr**ill**age – béqu**ill**e

3 gor**ill**e – lent**ill**es – chen**ill**e – chev**ill**e – jonqu**ill**e

31. *elle* – *ette* – *esse* – *erre*

1 On entend *elle* dans coccin**elle** ; *erre* dans pi**erre** ; *esse* dans maîtr**esse** ; *ette* dans tromp**ette** ; *ette* dans allum**ette**.

2 t**erre** – épuis**ette** – fort**eresse**

3 équ**erre** – jum**elles** – bagu**ette** – adr**esse** – ant**enne**

32. *oin* et *oi* – *ion*

1 On entend le son « oin » dans : m**oin**s – p**oin**g.

2 p**oin**t – champ**ion** – f**oin**

3 cam**ion** – p**oi**s – lamp**ion** – p**oi**reau – p**oin**te

33. Une lettre pour plusieurs sons : *x*

1 On entend le son « s » dans soi**x**ante-di**x** ; on entend le son « z » dans di**x**ième ; on entend le son « ks » dans bo**x**eur ; on entend le son « gs » dans **x**ylophone (peut aussi se prononcer « ks »).

2 ta**x**i – e**x**ploratrice – ly**nx**

3 inde**x** – soi**x**ante – e**x**plosion – **x**ylophone

34. Une lettre pour plusieurs sons : *y*

1 On entend le son « i » dans : lab**y**rinthe – stl**y**o – **x**ylophone ; on entend le son « ill » dans : **y**o**y**o – no**y**au.

2 c**y**gne – l**y**s – vo**y**ageur

3 bic**y**clette – tu**y**au – gru**y**ère – p**y**ramide

35. La phrase

1 1. La tempête a déraciné des arbres. 2. Le jardin est recouvert de neige. 3. Il faut tondre la pelouse. 4. Une branche gêne le passage des vélos dans l'allée.

2a 1. Un ouvrier taille les arbres du parc de la mairie. 2. Le vent abîme les fleurs du jardin.

2b 1. Éva fait un bouquet de roses. 2. Le cerisier est recouvert de fleurs blanches.

36. Le nom et le verbe

1a guêpe – chien – serpent – araignée – toile – ours – poisson – chevaux – clôture – oiseaux – arbre

1b À corriger avec l'aide d'un adulte. Exemples de réponses : Une souris se cache dans la cave. Le chien a mordu un enfant.

2a promène – rentre – achète – traverse

2b À corriger avec l'aide d'un adulte. Exemples de réponses : Le cheval galope dans le pré. Une tortue marche dans l'herbe.

37. Le nom et ses déterminants

1 1. Des écureuils habitent dans l'arbre. 2. Un bûcheron coupe des branches. 3. Les vaches donnent du lait.

2 L'enfant observe les champignons. Un canard plonge dans l'eau. Une rivière traverse le village. Le lac déborde dans les champs. Des sangliers vivent dans la forêt. Le promeneur ramasse du bois.

3 Exemples de réponses : Le chat joue avec les papillons. Les pommes tombent de l'arbre.

4

38. L'adjectif

1 gros/gris – joli/coloré – chaud/lumineux

2a une grosse souris – un jeune garçon – un vieux vélo

2b une pomme verte – un café chaud – un livre neuf

39. Les différentes écritures du son « o »

1 moto – taureau – maison – oiseau – bougie

2 soleil – chaussette – bureau – épaule – manteau

3 couteau – autruche – drapeau – chameau

40. Les différentes écritures du son « ê »

1 aigle – main – oreille – forêt – élève

2 peigne – laitue – fontaine – fenêtre – chèvre

3 sirène – raisin – pêche – neige

41. Les différentes écritures du son « s »

1 souris – poisson – carte – balançoire – cerise

2 cinéma – pouce – sapin – lasso – glaçon

3 saucisson – hameçon – piscine – cerceau

42. Les différentes écritures du son « f »

1 fourmi – phare – hache – neuf – buffet

2 bœuf – dauphin – phoque – affiche – girafe

3 griffe – café – dentifrice – éléphant

43. Les différentes écritures du son « k »

1 cube – coq – kiwi – queue – cible

2 casque – kimono – quatre – crocodile – crevette

3 crabe – coquelicot – kangourou – cartable

44. Les différentes écritures du son « an »

1 temple – chemise – canard – enfant – champignon

2 camembert – ventilateur – jambon – orange – tente

3 chambre – ambulance – fantôme – dentifrice

45. Les différentes écritures du son « in »

1 coussin – imperméable – reine – frein – train

2 romain – timbale – poulain – requin – peintre

3 épingle – chimpanzé – écrivain – peinture

46. Les différentes écritures du son « on »

1 ballon – bonnet – pompon – tomate – pantalon

2 ombre – ongle – compas – éponge – trompette

3 compote – trompe – montagne – bûcheron

47. La lettre *h*

1 thé – dauphin – hôtel – fourchette – panthère

2 hamac – photographe – chameau – hôpital – phare

3 chaîne – éléphant – thermomètre – haricot

48. Les lettres muettes

1 escargot – tennis – lézard – neuf – doigt

2 pot – pas – camp – lait

3 canard – banc – tapis – loup – croissant

49. Le masculin et le féminin des noms

1 le téléphone – un papillon – l'éléphant

2 la salade – une tortue – l'échelle

3 une blessée – une ennemie – une amie – une renarde – la géante – la cousine – l'habitante – l'absente

50. Le singulier et le pluriel des noms

1 un œuf – la pomme – l'oiseau

2 les chapeaux – des ballons – les seaux

3 les réveils – les livres – les écureuils – les tables – des perles – les enfants – des chats – des pierres

51. Le féminin et le pluriel des adjectifs

1a petite – grise – salée – dure – lourde – grande

1b une voiture bleue – une porte fermée – une panthère noire – une poire mûre

2 des œufs durs – des verres pleins – des garçons blonds – des chaises hautes – des soupes chaudes – des pommes rouges

52. Le verbe : passé – présent – futur

1 hier – l'année dernière – il y a un an

2 aujourd'hui – maintenant – en ce moment

3 1. Dans deux jours, je serai en vacances. 2. La semaine prochaine, je laverai mon vélo. 3. Demain, je décorerai ma chambre.

4

	passé	présent	futur
Le téléphone sonne.		X	
Hier, j'ai regardé un film.	X		
Dans deux jours, ce sera mon anniversaire.			X
Demain, je rangerai mes livres.			X
Je me lave les dents.		X	
La semaine dernière, j'ai été malade.	X		

53. Le verbe *avoir*

1 Aujourd'hui, j'ai sept ans – tu as mal aux dents – Séverine a un frère – ils ont du vent sur la plage – elle a un beau jardin – les voisins ont une fuite d'eau.

2 1. tu avais – 2. il avait – 3. elles avaient – 4. j'avais

3 1. il aura – 2. les élèves auront – 3. j'aurai – 4. tu auras

54. Le verbe *être*

1 Aujourd'hui, je suis en Espagne – tu es dans la cour – Marie est assise contre un arbre – les avions sont en retard – il est sur le canapé – elles sont dans la piscine.

2 1. tu étais – 2. elle était – 3. j'étais – 4. ils étaient

3 1. elle sera – 2. tu seras – 3. les footballeurs seront – 4. je serai

55. Regrouper des mots

1 Mots de la rue : trottoir – taxi – carrefour ; mots de la maison : chambre – cuisine – lit ; mots du sport : arbitre – ballon – raquette ; mots de la forêt : champignon – buisson – feuille.

2 1. Les meubles – Propositions de mots : commode, chaise, fauteuil, etc. – 2. Les aliments – Propositions de mots : courgette, eau, pâtes, etc. – 3. Les arbres – Propositions de mots : platane, bouleau, poirier, etc.

56. Les familles de mots

1 dent → dentiste ; épice → épicier ; livre → livret ; savon → savonnette ; douze → douzaine.

2 1. australien – 2. algérien – 3. tunisien – 4. norvégien – 5. autrichien – 6. canadien

3 1. fillette – 2. affichette – 3. jupette – 4. chemisette – 5. vachette

32 *oin* et *oi – ion*

Je découvre et je retiens

1

coin

coin

étoile

étoile

▶ J'entends « **oin** ».
▶ Je vois **oin**, *oin*.

c → **oin** → c**oin**
p → **oin** → p**oin**

▶ J'entends « **oi** ».
▶ Je vois **oi**, *oi*.

t → **oi** → t**oi**
l → **oi** → l**oi**

2

lion

lion

▶ J'entends « **ion** ».
▶ Je vois **ion**, *ion*.
▶ L'ordre des lettres change le son.
▶ Dans « **ion** », on entend d'abord le son « **i** ».

Je m'entraîne

1 Entoure en rouge quand tu entends le son « oin ».

   6 ÷ 2      3

2 Entoure le mot qui correspond à chaque dessin.

rouge !

pont
point
poids
pion

champion
télévision
fanion
réunion

soin
toit
foin
foie

3 Découpe les étiquettes à la fin de ton cahier, puis complète les mots en collant chaque étiquette à l'emplacement qui convient.

☐ m ☐   p ☐ s   lamp ☐   ☐ reau   p ☐ ☐

As-tu réussi tes exercices ?

Très bien ☐   Assez bien ☐   Pas assez bien ☐

Une lettre pour plusieurs sons : x

Je découvre et je retiens

dix

dix

► J'entends **« s »**.

► Je vois **x**, ∞.

deuxième

deuxième

► J'entends **« z »**.

► Je vois **x**, ∞.

boxeur

boxeur

► J'entends **« ks »**.

► Je vois **x**, ∞.

exercice

exercice

► J'entends **« gs »**.

► Je vois **x**, ∞.

► C'est en prononçant le mot que l'on va trouver le son produit par la lettre *x*. Attention, *x* ne s'entend pas à la fin de certains mots (exemple : *un prix*).

Je m'entraîne

1 Entoure en rouge quand tu entends le son « s », en bleu quand tu entends le son « z », en vert quand tu entends le son « ks » et en jaune quand tu entends le son « gs ».

2 Entoure le mot qui correspond à chaque dessin.

fax
taxe
axe
taxi

exploratrice
extérieur
exercice
exemple

lynx
fox
box
silex

3 Découpe les étiquettes à la fin de ton cahier, puis complète les mots en collant chaque étiquette à l'emplacement qui convient.

in ☐   ☐ ☐ te   ☐ plosion   ☐ ☐ pho ☐

As-tu réussi tes exercices ?

Très bien ☐   Assez bien ☐   Pas assez bien ☐

34 Une lettre pour plusieurs sons : y

Je découvre et je retiens

pyjama

pyjama

▶ J'entends « **i** ».

▶ Je vois **y**, *y*.

« **i** »   y = i   py**j**ama

yaourt

yaourt

▶ J'entends « **ill** ».

▶ Je vois **y**, *y*.

« **ill** »   y = i   **y**aourt
ia

crayon

crayon

▶ J'entends « **ill** ».

▶ Je vois **y**, *y*.

« **ill** »   y = i i   cra**y**on
ai ion

Je m'entraîne

1 Entoure en rouge quand tu entends le son « i », en bleu quand tu entends le son « ill ».

2 Entoure le mot qui correspond à chaque dessin.

type
cygne
voyelle

lynx
nylon
lys

voyageur
rayure
noyé

3 Découpe les étiquettes à la fin de ton cahier, puis complète les mots en collant chaque étiquette à l'emplacement qui convient.

☐ ☐ clette   tu ☐   gru ☐ re   ☐ ☐ mi ☐

As-tu réussi tes exercices ?

Très bien ☐   Assez bien ☐   Pas assez bien ☐

35 La phrase

1

Le jardinier plante des fleurs.

▶ La phrase commence par une **lettre majuscule** et se termine par un **point**.

2 Le jardinier creuse un trou.
Cette suite de mots a un sens.

Le fleur plante vélo des élèves.
Cette suite de mots n'a pas de sens.

▶ La phrase est une suite de mots qui a un **sens**.

Je m'entraîne

1 **Écris les lettres majuscules et place les points.**

1. ___a tempête a déraciné des arbres___

2. ___e jardin est recouvert de neige___

3. ___l faut tondre la pelouse___

4. ___ne branche gêne le passage des vélos dans l'allée___

2a **Recopie les phrases en séparant les mots comme il convient.**

1. Unouvriertaillelesarbresduparcdelamairie.

→ _____

2. Leventabîmelesfleursdujardin.

→ _____

2b **Écris les phrases en remettant les mots dans l'ordre.**

1. fait   roses   Éva   .   bouquet   un   de

→ _____

2. Le   recouvert   fleurs   .   cerisier   de   est   blanches

→ _____

As-tu réussi tes exercices ?

Très bien ☐   Assez bien ☐   Pas assez bien ☐

36 Le nom et le verbe

Je découvre et je retiens

1

Le **chien** dort dans la **niche**.

▶ Le **nom** est un mot qui désigne une personne, un lieu, un animal (*chien*), une chose (*niche*).

2

Le chat **saute** sur le lit.

▶ Le **verbe** est un mot qui dit ce que fait le nom : *il saute*.

Je m'entraîne

1a Entoure les noms.

La guêpe pique.   Le chien mord.   Le serpent nage.

Une araignée tisse une toile.   L'ours attrape un poisson.

Les chevaux sautent la clôture.   Des oiseaux sifflent sur l'arbre.

1b Complète les phrases avec un nom qui convient.

Une _____ se cache dans la _____.

Le _____ a mordu un _____.

2a Entoure les verbes.

La fille promène son chien.   Le lion rentre dans sa cage.

Éva achète une souris.   Un renard traverse la route.

2b Recopie les phrases en remplaçant le verbe par un autre verbe qui convient.

Le cheval mange dans le pré.

→ _____

Une tortue avance dans l'herbe.

→ _____

As-tu réussi tes exercices ?

Très bien ☐   Assez bien ☐   Pas assez bien ☐

37 Le nom et ses déterminants

1

Les poissons nagent.

► Les mots *le – la – l' – un – une – du – les – des* sont des **déterminants**.

2

La **fille** marche sur l'**herbe**.

► Les mots qui sont précédés d'un déterminant sont des **noms** : *fille – herbe*.

Je m'entraîne

1 Complète les phrases avec le déterminant qui convient.

1. (le – la – des – l') _____ écureuils habitent dans _____ arbre.

2. (une – un – des – du) _____ bûcheron coupe _____ branches.

3. (la – les – un – du) _____ vaches donnent _____ lait.

2 Souligne les noms.

L'enfant observe les champignons.   Un canard plonge dans l'eau.

Une rivière traverse le village.   Le lac déborde dans les champs.

Des sangliers vivent dans la forêt.   Le promeneur ramasse du bois.

3 À l'aide des dessins, complète les phrases avec des déterminants et des noms.

 _____ _____ joue avec  _____ _____

 _____ _____ tombent de _____ _____

4 Retrouve les phrases en reliant les mots comme il convient.

Des •	• plante •	• regarde •	• la •	• poissons.
Un •	• nuages •	• décore •	• les •	• mur.
Une •	• oiseau •	• annoncent •	• du •	• pain.
L' •	• pêcheur •	• mange •	• le •	• pluie.

As-tu réussi tes exercices ?

Très bien ☐   Assez bien ☐   Pas assez bien ☐

38 L'adjectif

Je découvre et je retiens

1 Comment est la maison ?

La maison est **grande haute jolie neuve**

▶ L'adjectif **donne des renseignements** (de forme, de couleur…) sur le nom.

2

une **grande** maison
une **jolie** maison
une maison **haute**
une maison **neuve**

▶ Les adjectifs peuvent s'écrire **avant ou après le nom**.

Je m'entraîne

1 **Entoure les deux adjectifs qui correspondent le mieux à chaque dessin.**

gros
petit
gris
rouge

joli
court
bruyant
coloré

froid
chaud
noir
lumineux

2a **Écris chaque adjectif avant le nom qui lui correspond :** vieux – grosse – jeune.

une _____ souris

un _____ garçon

un _____ vélo

2b **Écris chaque adjectif après le nom qui lui correspond :** neuf – verte – chaud.

une pomme _____

un café _____

un livre _____

As-tu réussi tes exercices ?

Très bien ☐   Assez bien ☐   Pas assez bien ☐

39 Les différentes écritures du son « o »

Je découvre et je retiens

pot
pot

landau
landau

bateau
bateau

▶ Le son « **o** » s'écrit **o**, *o* ; **au**, *au* ; **eau**, *eau*.

Je m'entraîne

1 Entoure les lettres qui produisent le son « o ».

m o t o

t a u r e a u

m a i s o n

o i s e a u

b o u g i e

2 Complète les mots avec : chau – pau – teau – reau – so.

_____ leil

_____ ssette

bu _____

é _____ le

man _____

3 Choisis les bonnes étiquettes pour écrire les mots correspondant à chaque dessin.

con	cou
teau	tan

au	che
tru	tur

peau	dar
pon	dra

cha	cho
mon	meau

As-tu réussi tes exercices ?

Très bien ☐   Assez bien ☐   Pas assez bien ☐

Les différentes écritures du son « ê »

Je découvre et je retiens

tête
tête

manège
manège

chaise
chaise

baleine
baleine

▶ Le son « ê » s'écrit **ê**, *ê* ; **è**, *è* ; **ai**, *ai* ; **ei**, *ei*.

Je m'entraîne

1 Entoure les lettres qui produisent le son « ê ».

a i g l e

m a i n

o r e i l l e

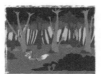
f o r ê t

é l è v e

2 Complète les mots avec **tai – nê – lai – chè – pei**.

_____gne

_____tue

fon_____ne

fe_____tre

_____vre

3 Choisis les bonnes étiquettes pour écrire les mots correspondant à chaque dessin.

rè	ne
si	ré

rai	rin
sin	sai

pé	che
cle	pê

nei	ge
che	né

As-tu réussi tes exercices ?

Très bien ☐ **Assez bien** ☐ **Pas assez bien** ☐

41 Les différentes écritures du son « s »

seau — seau

tasse — tasse

berceau — berceau

garçon — garçon

scie — scie

► Le son « s » s'écrit **s**, ʃ ; **ss**, ʃʃ ; **c**, c ; **ç**, ç ; **sc**, ʃc.

Je m'entraîne

1 Entoure les lettres qui produisent le son « s ».

s o u r i s

p o i s s o n

c a r t e

b a l a n ç o i r e

c e r i s e

2 Complète les mots avec çon – ci – sso – ce – sa.

_____ néma

pou _____

_____ pin

la _____

gla _____

3 Choisis les bonnes étiquettes pour écrire les mots correspondant à chaque dessin.

sau	san
sson	ci

ha	con
çon	me

pi	ne
sci	pé

cer	ce
cre	ceau

As-tu réussi tes exercices ?

Très bien ☐   Assez bien ☐   Pas assez bien ☐

Les différentes écritures du son « f »

Je découvre et je retiens

fusée
fusée

œuf
œuf

sifflet
sifflet

téléphone
téléphone

▶ Le son « f » s'écrit **f**, *f* ; **ff**, *ff* ; **ph**, *ph*.

Je m'entraîne

1 Entoure les lettres qui produisent le son « f ».

f o u r m i

p h a r e

h a c h e

n e u f

b u f f e t

2 Complète les mots avec phin – ffi – f – fe – pho.

bœu____

dau____

____que

a____che

gira____

3 Choisis les bonnes étiquettes pour écrire les mots correspondant à chaque dessin.

gir	ffe
gri	che

co	fé
ca	phe

fri	den
ti	ce

phant	é
lé	plant

As-tu réussi tes exercices ?

Très bien ☐   Assez bien ☐   Pas assez bien ☐

Je découvre et je retiens

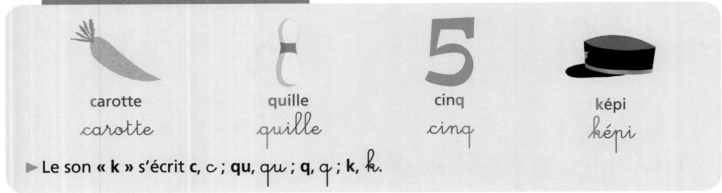

carotte
carotte

quille
quille

cinq
cinq

képi
képi

▶ Le son « **k** » s'écrit **c**, *c* ; **qu**, *qu* ; **q**, *q* ; **k**, *k*.

Je m'entraîne

1 **Entoure les lettres qui produisent le son « k ».**

c u b e

c o q

k i w i

q u e u e

c i b l e

2 **Complète les mots avec** co – qua – que – ki – cre.

cas_____

_____mono

_____tre

cro_____dile

_____vette

3 **Choisis les bonnes étiquettes pour écrire les mots correspondant à chaque dessin.**

car	pe
be	cra

co	cot
li	que

kan	rou
ron	gou

cra	car
ble	ta

As-tu réussi tes exercices ?

Très bien ☐   Assez bien ☐   Pas assez bien ☐

44 Les différentes écritures du son « an »

Je découvre et je retiens

volant
volant

dent
dent

jambe
jambe

tempête
tempête

▶ Le son « **an** » s'écrit **an**, *an* ; **en**, *en* ; **am**, *am* ; **em**, *em*.

Je m'entraîne

1 Entoure les lettres qui produisent le son « an ».

t e m p l e

c h e m i s e

c a n a r d

e n f a n t

c h a m p i g n o n

2 Complète les mots avec ten – ven – jam – ran – mem.

ca_____bert

_____tilateur

_____bon

o_____ge

_____te

3 Choisis les bonnes étiquettes pour écrire les mots correspondant à chaque dessin.

clan	bre
cham	pre

am	lan
ce	bu

van	ne	tô
fan	do	me

den	ten	fri
ce	ti	fir

_____ _____

As-tu réussi tes exercices ?

Très bien ☐   **Assez bien** ☐   **Pas assez bien** ☐

45 Les différentes écritures du son « in »

Je découvre et je retiens

sapin
sapin

timbre
timbre

main
main

ceinture
ceinture

▶ Le son « **in** » s'écrit **in**, *in* ; **im**, *im* ; **ain**, *ain* ; **ein**, *ein*.

Je m'entraîne

1 Entoure les lettres qui produisent le son « in ».

c o u s s i n

i m p e r m é a b l e

r e i n e

f r e i n

t r a i n

2 Complète les mots avec **pein** – **quin** – **main** – **lain** – **tim**.

ro_____

bale

pou_____

re_____

_____tre

3 Choisis les bonnes étiquettes pour écrire les mots correspondant à chaque dessin.

é	gle
cle	pin

chim	pan
zé	clin

é	né	vain
cir	cri	cin

de	ten	tu
re	pein	tru

As-tu réussi tes exercices ?

Très bien ☐   **Assez bien** ☐   **Pas assez bien** ☐

46 Les différentes écritures du son « on »

onze
onze

pont
pont

pompier
pompier

bombe
bombe

▶ Le son « **on** » s'écrit **on**, *on* ; **om**, *om*.

Je m'entraîne

1 Entoure les lettres qui produisent le son « on ».

b a l l o n

b o n n e t

p o m p o n

t o m a t e

p a n t a l o n

2 Complète les mots avec pon – com – trom – om – on.

_____bre

_____gle

_____pas

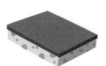
é_____ge

_____pette

3 Choisis les bonnes étiquettes pour écrire les mots correspondant à chaque dessin.

po	com
con	te

pom	pe
trom	me

ge	te	mon
ta	gne	tom

pû	che	re
ron	chon	bû

_____   _____

As-tu réussi tes exercices ?

Très bien ☐   Assez bien ☐   Pas assez bien ☐

47 La lettre *h*

Je découvre et je retiens

1

hibou
hibou

cahier
cahier

labyrinthe
labyrinthe

▶ La lettre *h* seule ne s'entend pas.

2

phoque
phoque

cheval
cheval

▶ Avec *p* et *c*, la lettre *h* permet d'écrire les sons « **ph** » et « **ch** ».

Je m'entraîne

1 Entoure la lettre *h* qui ne s'entend pas.

t h é

d a u p h i n

h ô t e l

f o u r c h e t t e

p a n t h è r e

2 Complète les mots avec cha – pha – ha – hô – pho – phe.

_____mac

togra_____

_____meau

_____pital

_____re

3 Choisis les bonnes étiquettes pour écrire les mots correspondant à chaque dessin.

haî	phaî
ne	chaî

é	chant
phant	lé

cher	pher	mo
mè	ther	tre

ha	cha	cot
pha	ri	got

_____

_____

_____

_____

As-tu réussi tes exercices ?

Très bien ☐   **Assez bien** ☐   **Pas assez bien** ☐

Je découvre et je retiens

1

souris

souris

parapluie

parapluie

▶ À la fin de certains mots, la ou les dernières lettres ne s'entendent pas. Ce sont des **lettres muettes**.

2

dent

dent

dentiste

dentiste

▶ Les lettres muettes nous aident parfois à écrire d'autres mots de la même famille.

Je m'entraîne

1 **Entoure les lettres muettes.**

escargot · · · · tennis · · · · lézard · · · · neuf · · · · doigt

2 **À l'aide de la liste de mots, écris correctement le mot correspondant au dessin.**

poterie	passage	campeur	laiterie
potier	passant	campagne	laitage
potager	passager	campagnol	laitier

3 **Complète les mots avec la lettre muette qui convient : t – c – s – d – p.**

 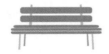 

canar_____ · · · · ban_____ · · · · tapi_____ · · · · lou_____ · · · · croissan_____

As-tu réussi tes exercices ?

Très bien ☐ · · · · Assez bien ☐ · · · · Pas assez bien ☐

49 Le masculin et le féminin des noms

Je découvre et je retiens

1
le chat
un vélo
l'avion

▶ Un nom masculin est précédé d'un **déterminant masculin** : **le – un – l'**.

2
la lune
une table
l'étoile

▶ Un nom féminin est précédé d'un **déterminant féminin** : **la – une – l'**.

3
un gamin
une gamine

▶ En règle générale, pour écrire un nom au **féminin**, on met un **e** à la fin du nom masculin.

Je m'entraîne

1 Relie chaque déterminant masculin au dessin qui convient.

le •

un •

l' •

2 Relie chaque déterminant féminin au dessin qui convient.

la •

une •

l' •

3 Écris les noms (et leurs déterminants) au féminin.

un blessé   → _____
un ennemi → _____
un ami   → _____
un renard → _____

le géant   → _____
le cousin   → _____
l'habitant → _____
l'absent   → _____

As-tu réussi tes exercices ?

Très bien ☐   Assez bien ☐   Pas assez bien ☐

50 Le singulier et le pluriel des noms

Je découvre et je retiens

1 le chat
un chat

une étoile

▶ Un nom singulier est précédé d'un **déterminant singulier** : le – la – un – une – l'.

2 les chats

des étoiles

▶ Un nom pluriel est précédé d'un **déterminant pluriel** : les – des.

3 le chat
les chats

une étoile
des étoiles

▶ En règle générale, pour écrire un nom au **pluriel**, on met un *s* à la fin du nom singulier.

Je m'entraîne

1 Relie chaque déterminant singulier au dessin qui convient.

un •

la •

l' •

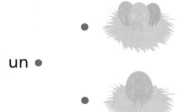

2 Relie chaque déterminant pluriel au dessin qui convient.

les •

des •

les •

3 Écris les noms et leurs déterminants au pluriel.

le réveil → _____
le livre → _____
l'écureuil → _____
la table → _____

une perle → _____
l'enfant → _____
un chat → _____
une pierre → _____

As-tu réussi tes exercices ?

Très bien ☐   Assez bien ☐   Pas assez bien ☐

51 Le féminin et le pluriel des adjectifs

Je découvre et je retiens

1

un pull vert

une chemise vert**e**

► En règle générale, pour écrire un **adjectif au féminin**, on met un *e* à la fin de l'adjectif masculin.

2

un pull vert

des pulls vert**s**

► En règle générale, pour écrire un **adjectif au pluriel**, on met un *s* à la fin de l'adjectif singulier.

Je m'entraîne

1a Écris les adjectifs au féminin.

petit → _____   gris → _____   salé → _____

dur → _____   lourd → _____   grand → _____

1b Écris au féminin les adjectifs entre parenthèses.

une voiture (bleu)_____   une porte (fermé)_____

une panthère (noir)_____   une poire (mûr)_____

2 Écris au pluriel les adjectifs soulignés.

un œuf <u>dur</u> – des œufs _____   une chaise <u>haute</u> – des chaises _____

un verre <u>plein</u> – des verres _____   une soupe <u>chaude</u> – des soupes _____

un garçon <u>blond</u> – des garçons _____   une pomme <u>rouge</u> – des pommes _____

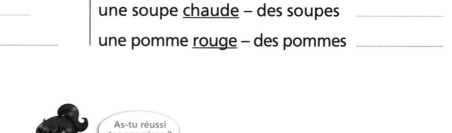

As-tu réussi tes exercices ?

Très bien ☐   Assez bien ☐   Pas assez bien ☐

52 Le verbe : passé – présent – futur

Je découvre et je retiens

1 **Hier**, j'ai chanté.
► C'était avant.
C'est le **passé**.

2 **Aujourd'hui**, je dessine.
► C'est maintenant.
C'est le **présent**.

3 **Demain**, je travaillerai.
► Cela arrivera après.
C'est le **futur**.

Je m'entraîne

1 **Colorie les étiquettes qui évoquent le passé.**

| hier | aujourd'hui | l'année dernière | maintenant | après |

| demain | lundi prochain | en ce moment | il y a un an |

2 **Parmi les étiquettes de l'exercice précédent, retrouve celles qui évoquent le présent et écris-les.**

→ _____

3 **Complète les phrases avec les mots qui conviennent.**

1. (j'ai été – je suis – je serai) → Dans deux jours, _____ en vacances.

2. (j'ai lavé – je lave – je laverai) → La semaine prochaine, _____ mon vélo.

3. (j'ai décoré – je décore – je décorerai) → Demain, _____ ma chambre.

4 **Pour chaque phrase, mets une croix dans la case qui convient.**

	passé	présent	futur
Le téléphone sonne.			
Hier, j'ai regardé un film.			
Dans deux jours, ce sera mon anniversaire.			
Demain, je rangerai mes livres.			
Je me lave les dents.			
La semaine dernière, j'ai été malade.			

As-tu réussi tes exercices ?

Très bien ☐   Assez bien ☐   Pas assez bien ☐

53 Le verbe *avoir*

Je découvre et je retiens

① Aujourd'hui, j'**ai** faim.
Tu **as** faim.
Noémie **a** faim.
Les enfants **ont** faim.

► C'est le verbe
avoir au **présent**.

② Hier, j'**avais** peur.
Tu **avais** peur.
Elle **avait** peur.
Ils **avaient** peur.

► C'est le verbe
avoir au **passé**.

③ Demain, j'**aurai** une surprise.
Tu **auras** une surprise.
Il **aura** une surprise.
Elles **auront** une surprise.

► C'est le verbe
avoir au **futur**.

Je m'entraîne

① **Complète avec le verbe** *avoir* **au** présent.

Aujourd'hui,

j' _____ sept ans.

tu _____ mal aux dents.

Séverine _____ un frère.

ils _____ du vent sur la plage.

elle _____ un beau jardin.

les voisins _____ une fuite d'eau.

② **Complète avec le verbe** *avoir* **au** passé.

1. Hier, tu _____ un cours de danse.

2. Il y a deux jours, il _____ mal à la tête.

3. Avant, elles _____ les cheveux longs.

4. Hier, j' _____ un ballon rouge.

③ **Complète avec le verbe** *avoir* **au** futur.

1. Dans un an, il _____ un vélo neuf.

2. Demain, les élèves _____ un nouveau camarade.

3. Demain, j' _____ un cadeau de ma sœur.

4. L'année prochaine, tu _____ beaucoup de travail.

As-tu réussi
tes exercices ?

Très bien ☐   Assez bien ☐   Pas assez bien ☐

54 Le verbe *être*

1 Aujourd'hui, je **suis** à l'école.
Tu **es** à l'école.
Maxime **est** à l'école.
Les élèves **sont** à l'école.

▶ C'est le verbe *être* au **présent**.

2 Hier, j'**étais** à la maison.
Tu **étais** à la maison.
Il **était** à la maison.
Elles **étaient** à la maison.

▶ C'est le verbe *être* au **passé**.

3 Demain, je **serai** en vacances.
Tu **seras** en vacances.
Elle **sera** en vacances.
Ils **seront** en vacances.

▶ C'est le verbe *être* au **futur**.

Je m'entraîne

1 Complète avec le verbe *être* au présent.

Aujourd'hui,

je _____ en Espagne.

tu _____ dans la cour.

Marie _____ assise contre un arbre.

les avions _____ en retard.

il _____ sur le canapé.

elles _____ dans la piscine.

2 Complète avec le verbe *être* au passé.

1. Hier, tu _____ chez ta mamie.

2. Avant, elle _____ blonde.

3. Il y a un mois, j' _____ à Paris.

4. Hier, ils _____ au stade.

3 Complète avec le verbe *être* au futur.

1. Dans un an, elle _____ au collège.

2. Bientôt, tu _____ à l'école avec ta sœur.

3. Dans un mois, les footballeurs _____ au repos.

4. Demain, je _____ à la mer avec ma classe.

As-tu réussi tes exercices ?

Très bien ☐   Assez bien ☐   Pas assez bien ☐

55 Regrouper des mots

Comment regrouper les mots suivants ?

pomme – vélo – cheval – banane – moto – tortue

Les fruits	Les véhicules	Les animaux
pomme	vélo	cheval
banane	moto	tortue

▶ Les mots qui ont **un lien entre eux** peuvent être regroupés.

Je m'entraîne

1 **Regroupe les mots dans la colonne qui convient.**

trottoir – chambre – champignon – cuisine – taxi – buisson – arbitre – ballon – feuille – lit – raquette – carrefour

Mots de la rue	Mots de la maison	Mots du sport	Mots de la forêt
_____	_____	_____	_____
_____	_____	_____	_____
_____	_____	_____	_____

2 **Complète par :** arbres – meubles – aliments.
Ajoute ensuite, dans chaque case, des mots qui conviennent.

1. Les _____

table – armoire – lit
_____
_____
_____

2. Les _____

pain – jambon – lait
_____
_____
_____

3. Les _____

pommier – cerisier – sapin
_____
_____
_____

As-tu réussi tes exercices ?

Très bien ☐   Assez bien ☐   Pas assez bien ☐

56 Les familles de mots

un garage – un garag**iste**

▶ *garage* et *garagiste* sont des mots de la **même famille**.

un jardin – un jardin**ier**

▶ *jardin* et *jardinier* sont des mots de la **même famille**.

▶ *iste* et *ier* sont des **suffixes**.
▶ On peut fabriquer un mot nouveau à partir d'un autre mot en ajoutant **un suffixe**.

Je m'entraîne

1 **Relie deux par deux les mots d'une même** famille.

dent   •   •   savonnette

épice   •   •   dentiste

livre   •   •   livret

savon   •   •   douzaine

douze   •   •   épicier

2 **Retrouve le nom des habitants des pays. (Exemple : Inde → ind**ien**)**

1. Australie : _____

2. Algérie : _____

3. Tunisie : _____

4. Norvège : _____

5. Autriche : _____

6. Canada : _____

3 **Observe l'exemple et complète les phrases en fabriquant le mot qui convient.**

Exemple : Une petite **boucle** est une **bouc**lette.

1. Une petite **fille** est une _____

2. Une petite **affiche** est une _____

3. Une petite **jupe** est une _____

4. Une petite **chemise** est une _____

5. Une petite **vache** est une _____

As-tu réussi tes exercices ?

Très bien ☐   Assez bien ☐   Pas assez bien ☐

Voici les étiquettes à découper pour compléter les mots de l'exercice ③ des fiches 3 à 34. Les numéros à droite correspondent aux numéros des fiches.

a	a	e	e	e	i	i			**3**

u	u	u	o	o	o				**4**

pa	ba	pi	bo	be					**5**

to	do	ta	da	ti	te				**6**

ra	re	ri	li	le	lu				**7**

lé	lè	pé	pê	té	rê				**8**

na	ne	ni	no	né	nè	mi	ma	mi	**9**

pou	mou	bou	dou	lou	pé	pe			**10**

fi	vi	va	fa	bo	fu	ne			**11**

cu	cou	ga	gu	gou	be	de	rou		**12**

pon	lon	ron	con	on	me	re	é	tu	**13**

vo	lan	pan	ban	pin	rin	ta	lon	ru	**14**

che	che	cho	chon	cha	co	co	va	la	ron	**15**

ja	jou	ju	ge	ge	ma	ma	nè	ran	**16**

sa	sou	si	san	ce	le	pe			**17**

si	sin	son	zai	ze	rai	ne	ne		**18**

doi	poi	poi	moi	soir	se	re	cha	**19**

leur	seu	seur	deu	teur	dan	ton	chan	**20**

gnoir	gne	gne	gnet	gnet	go	poi	**21**

in	mi	no	on	an	na	en	ne	**22**

ac	ar	our	rou	be	lo	mi	**23**

es	as	sa	er	ous	ar	la	que	**24**

cra	car	tar	tri	to	va	cot	tra	**25**

ien	ien	in	ian	ein	gi	ma	tu	**26**

ce	che	pru	dai	bra	dro	tre	bran	**27**

re	ge	fro	cro	gri	cri	vre	**28**

cle	pla	gli	gle	ble	**29**

ville	quille	rille	tilles	nille	**30**

vette	melles	guette	querre	dresse	**31**

oi	te	ca	oin	ion	poi	ion	**32**

soi	lo	ne	xan	ex	dex	xy	**33**

ra	bi	de	cy	yè	yau	py	**34**

Illustrations : Cyrielle (couverture et pictos enfants) et Muriel Sevestre (intérieur)

Conception graphique couverture : Marie-Astrid Bailly-Maître
Mise en pages : Nord Compo
Édition : Olivia Germande, Florence Mayran de Chamisso

© **Éditions Magnard, 2016, Paris.**
www.magnard.fr

N° d'ISSN : 2265-1055

Achevé d'imprimer en avril 2016 en Italie
par «La Tipografica Varese Srl» Varese
N° éditeur : 2016-0103 – Dépôt légal : avril 2016